¡Encuéntralos en la naturaleza!

Peces

por Jenna Lee Gleisner

Bullfrog
en español

Ideas para padres y maestros

Bullfrog Books permite a los niños practicar la lectura de textos informativos desde el nivel principiante. Las repeticiones, palabras conocidas y descripciones en las imágenes ayudan a los lectores principiantes.

Antes de leer
- Hablen acerca de las fotografías. ¿Qué representan para ellos?
- Consulten juntos el glosario de las fotografías. Lean las palabras y hablen de ellas.

Durante la lectura
- Hojeen el libro y observen las fotografías. Deje que el niño haga preguntas. Muestre las descripciones en las imágenes.
- Léale el libro al niño o deje que él o ella lo lea independientemente.

Después de leer
- Anime al niño para que piense más. Pregúntele: ¿Has visto alguna vez un pez? ¿Cómo se veía?

Bullfrog Books are published by Jump!
5357 Penn Avenue South
Minneapolis, MN 55419
www.jumplibrary.com

Copyright © 2025 Jump! International copyright reserved in all countries. No part of this book may be reproduced in any form without written permission from the publisher.

Library of Congress Cataloging-in-Publication Data

Names: Gleisner, Jenna Lee, author.
Title: Peces / por Jenna Lee Gleisner.
Other titles: Fish. Spanish
Description: Minneapolis, MN: Jump!, Inc., [2025]
Series: ¡Encuéntralos en la naturaleza! | Includes index.
Audience: Ages 5–8
Identifiers: LCCN 2024030381 (print)
LCCN 2024030382 (ebook)
ISBN 9798892137324 (hardcover)
ISBN 9798892137331 (paperback)
ISBN 9798892137348 (ebook)
Subjects: LCSH: Freshwater fishes—Juvenile literature.
Classification: LCC QL624 .G5418 2025 (print)
LCC QL624 (ebook)
DDC 597.176—dc23/eng/20240731

Editor: Katie Chanez
Designer: Molly Ballanger
Translator: Annette Granat

Photo Credits: Eric Isselee/Shutterstock, cover; FedBul/Shutterstock, 1, 22bmr; kzww/Shutterstock, 3; Krzysztof Odziomek/Shutterstock, 4; Judy M Darby/Shutterstock, 5; Griffin Gillespie/Shutterstock, 6–7, 23bl; LaSalle-Photo/iStock, 8–9, 23tl, 23tm, 23br; Roberto Nistri/Alamy, 10–11, 23tr; blickwinkel/Alamy, 12; Chase D'animulls/Shutterstock, 13; Eduardo Baena/iStock, 14–15; Michael Wood/Dreamstime, 16–17; Rostislav Stefanek/Shutterstock, 18; FedBul/iStock, 19; George Grall/Alamy, 20–21; Dan Thornberg/Shutterstock, 22tl, 22tr; azure1/Shutterstock, 22ml; Joe_Potato/iStock, 22tmr; andyKRAKOVSKI/iStock, 22bl; Sergey Goruppa/Shutterstock, 22bml; IrinaK/Shutterstock, 22br; dimdiz/Shutterstock, 23bm; Oleksandr Kliuiev/Shutterstock, 24.

Printed in the United States of America at Corporate Graphics in North Mankato, Minnesota.

Tabla de contenido

Branquias y aletas... 4
Empareja los peces... 22
Glosario de fotografías.. 23
Índice... 24
Para aprender más.. 24

Branquias y aletas

Los peces nadan.

Los peces respiran con branquias.

Las mojarras orejas azules tienen manchas oscuras.

¿Dónde?

¡Al lado de sus branquias!

Las escamas de las luciopercas americanas son claras.

Tienen bandas negras.

Dos aletas dorsales sobresalen.

Una tiene espinas.

El bagre tiene barbillas.
Estas parecen bigotes.

barbilla

Un esturión también las tiene.
Tiene filas de placas.

¡Es grande!
¡Este salta fuera del agua!

Los salmones pueden ser de muchos colores.

¡Este es un salmón rojo!

Su cabeza es verde.

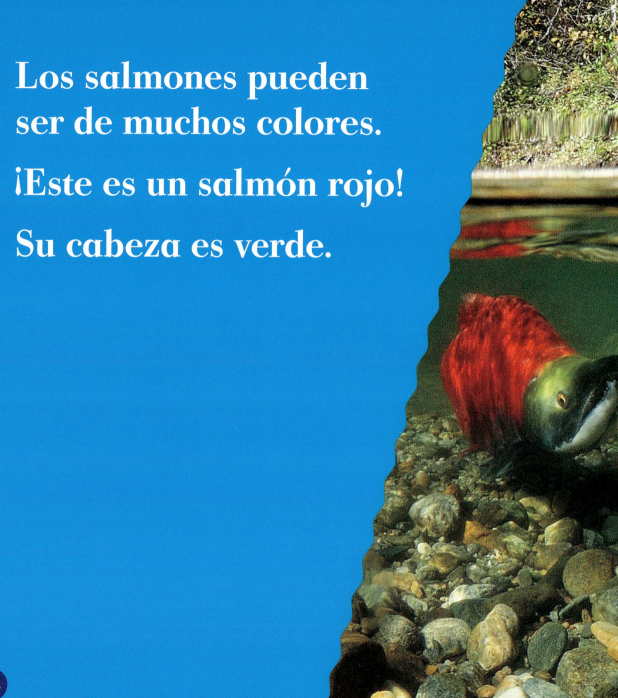

**Las anguilas son largas.
Parecen serpientes.**

El lucio también es largo.
Es verde con manchas blancas.

Tiene una boca grande.
¿Ves sus dientes?

¡La boca de este pez es más grande!

Es un róbalo.

¡Guau!

Empareja los peces

Empareja cada pez con su nombre. ¡Busca la información en el libro si necesitas ayuda!

Glosario de fotografías

aletas dorsales
Aletas delgadas y planas arriba del cuerpo de los peces.

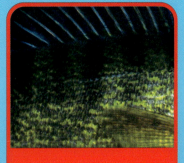

bandas
Franjas de color.

barbillas
Antenas cerca de la boca de un pez.

branquias
Los órganos de los peces, que filtran oxígeno fuera del agua para respirar.

escamas
Partes delgadas y planas de piel dura.

espinas
Puntas filosas y duras.

Índice

anguilas 17
bagre 10
barbillas 10
boca 19, 20
escamas 9
esturión 12
lucio 18
luciopercas americanas 9
mojarras orejas azules 6
placas 12
róbalo 20
salmón rojo 14

Para aprender más

Aprender más es tan fácil como contar de 1 a 3.

❶ Visita www.factsurfer.com
❷ Escribe "peces" en la caja de búsqueda.
❸ Elige tu libro para ver una lista de sitios web.